U
à la pêche

d'Yves Pinguilly
illustré par Jörg Mühle

PELOUS
INTERDI

CHAPITRE 1

Ça faisait un an et un jour qu'Edmond le loup et Agnès étaient mariés. C'était à présent sûr et certain qu'ils vivraient ensemble le reste de leur vie.

Pendant leurs premières saisons d'amour, ils s'étaient baignés dans la piscine olympique de Paris ; ils avaient mangé avec des baguettes de la cuisine de Chine, mangé avec leurs doigts de la cuisine d'Afrique et dégusté avec une fourchette de la cuisine de France ; ils étaient allés au cinéma, ils avaient vu trente-six matchs de boxe et s'étaient promenés main dans la main. Ils avaient fait en plus mille autres choses le jour et la nuit.

Un matin, Edmond dit à Agnès :
– J'irais bien faire un tour en Bretagne, au bord de la mer.
– Drôle d'idée ! Pourquoi ne pas aller en Russie ou en Amérique ?
– Impossible, il y a trop de Russes en Russie et trop d'Américains en Amérique, et puis j'ai envie d'aller en Bretagne pour pêcher quelques beaux poissons salés.
– Je n'ai jamais beaucoup aimé la mer, vas-y sans moi… Pendant ce temps, j'irai faire du ski avec ma copine Jeannette.

La semaine suivante, sur le quai de la gare de Paris, Edmond et Agnès échangèrent un long baiser et quelques chatouilles. Lui prenait le train, direction la Bretagne. Elle et sa copine Jeannette partaient pour le mont Blanc.

À peine sorti du TGV, Edmond prit le car jusqu'à la baie des Trépassés. Agnès lui avait lu un guide sur la Bretagne, et il avait retenu qu'il y avait par là de bons coins de pêche. Arrivé sur place, il s'habilla en vieux loup de mer et descendit vers le port, canne à pêche à la main et le reste de son attirail à l'épaule. Il alla tout au bout de la digue.
Il voulait pêcher seul, sans rire et sans parler.
Il voulait pêcher en pensant à Agnès.

Il accrocha à son gros hameçon un caramel au beurre salé, qu'il venait d'acheter à la pâtisserie du port.

Il mouilla sa ligne, en murmurant :

– À nous deux, monsieur le poisson !

Après quelques minutes de patience, il vit, avec ses deux yeux de loup, sa ligne invisible bouger un peu et encore un peu.

Illico, il tourna le moulinet à cent à l'heure. Hélas ! quand l'hameçon revint à la surface, il n'y avait plus de caramel et pas de poisson.

Edmond cria très fort à toute la mer :

– C'est pas juste ! Un poisson a volé mon caramel !

Il savait bien qu'en Bretagne comme ailleurs, il y a des poissons volants qui ne respectent rien.

Il accrocha un autre caramel à son hameçon. Pour passer le temps, il aurait bien compté jusqu'à mille neuf cent quatorze ou mille neuf cent dix-huit, mais il ne savait pas compter.

Il aurait bien récité l'alphabet à l'envers, mais il ne le savait même pas à l'endroit.
Il attendait depuis une heure, quand il se rendit compte que ça mordait au bout de sa ligne.
Il prit sa canne bien en main et sans s'énerver ferra, comme un grand artiste de la pêche.
Il moulina avec délicatesse.

Il sentait un bon poids au bout de
sa ligne. Il pensa : « C'est pas impossible
que ce soit une baleine blanche ! »
Il moulina encore et… ce ne fut pas une baleine
qu'il sortit, ni une sardine, ce fut un crabe !
Un gros crabe rose : ce crabe, c'était une araignée
de mer, plus impressionnante qu'une mygale
d'Amazonie.

CHAPITRE 2

Tout d'abord, Edmond n'eut pas peur. Il était un loup, et il n'y avait aucune raison pour qu'un gros crabe lui fasse peur, à lui qui aurait pu effrayer tout autant un éléphant qu'une souris verte. C'est au moment où Edmond le détacha de l'hameçon que le crabe attaqua sans même déclarer la guerre. Il pinça le doigt d'Edmond qui hurla assez fort pour réveiller toutes les sirènes endormies dans la mer. Il laissa le crabe tomber sur la digue et tenta de lui donner un coup de pied. Hélas ! le crabe devait jouer dans une équipe de foot, parce qu'au moment de recevoir le coup de pied,

il ouvrit ses pinces au-dessus de sa tête, comme un goal bien entraîné. Ensuite, d'un seul coup, il les referma de toutes ses forces dans le mollet d'Edmond. N'importe qui se serait évanoui de douleur. Edmond qui était un loup hurla.

Les mouettes s'envolèrent.
Edmond courut…
avec le crabe accroché à son mollet,
tel un vampire assoiffé
de sang de loup !

Edmond dévala la rue principale. La douleur le rendait fou. Il remarqua une grand-mère qui sortait de la pharmacie. Il freina et s'arrêta à sa hauteur. Haletant, il lui demanda :

– Pouvez-vous m'indiquer un bon médecin ?

– Allez chez le docteur Briec, il sait tout soigner, même les maladies mortelles. Courez jusqu'à la place, son cabinet est là.

Edmond se précipita chez le docteur Briec, traversa la salle d'attente et entra dans le cabinet sans frapper. Le docteur, qui passait tout son temps libre à la pêche, fut à peine surpris. Voyant la patte d'Edmond ornée du gros crabe, il dit :

– Je vois ce que c'est… je vais vous arranger ça, vite fait bien fait.

Il fit allonger Edmond et, sans plus s'occuper de lui, il regarda le crabe droit dans les yeux… cinq secondes, et l'incroyable se produisit : le crabe baissa les yeux, et ouvrit ses pinces. Le médecin le saisit de la main gauche et le jeta par la fenêtre en criant :

– Retourne dans la mer et sois heureux que je ne te fasse pas bouillir dans ma marmite !

Il se retourna vers Edmond et lui déclara :

– C'est pas plus difficile que ça. Bon, je vais vous soulager avec deux piqûres dans les fesses pour éviter une infection.

– Quoi ?

Edmond ne fit ni une ni deux, il se leva et cria :

– J'ai trop peur des piqûres qui font trop mal.

Il sprinta vers la salle d'attente.

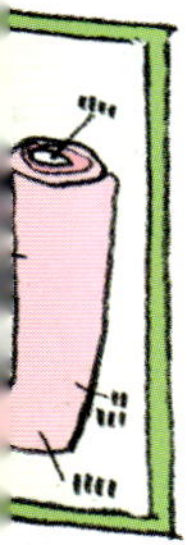

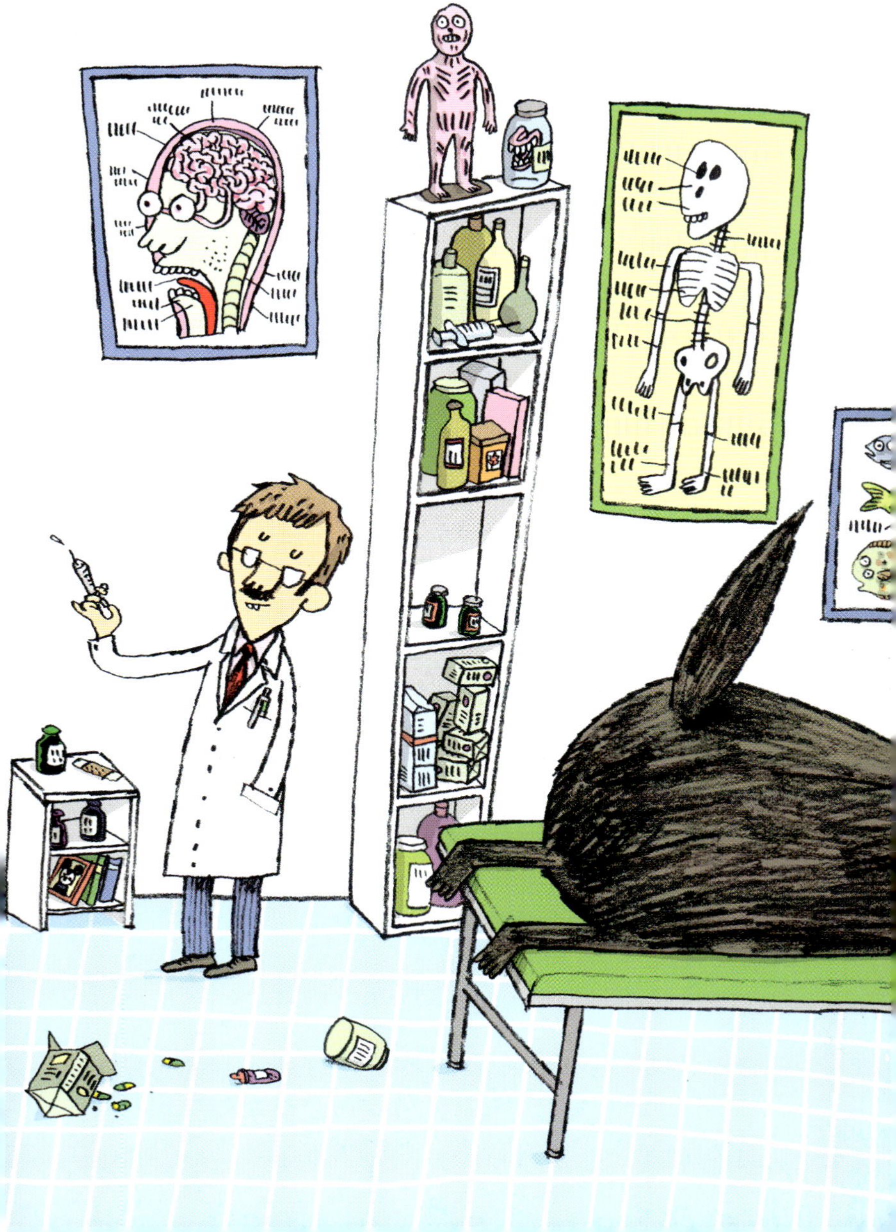

Il ne trouva même pas la sortie. Deux enfants patientaient là, Max et Mauricette. Ils étaient les derniers élèves à consulter, à cause de l'épidémie de varicelle qui avait attaqué l'école. Edmond, en larmes, leur demanda :

– Cachez-moi, sauvez-moi !

Mauricette lui ouvrit la porte et lui conseilla :

– Courez jusqu'à l'école et cachez-vous dans la classe de CE2, c'est notre classe. Elle est vide, on est tous malades.

– Classe de c'est eux deux ?

– Oui, CE2, E comme des œufs.

Edmond détala vers l'école. Il était temps. Le médecin, qui avait téléphoné aux pompiers pour les prévenir qu'il y avait un loup en fuite dans la ville, arriva et dit simplement :
– Au suivant.
Max et Mauricette, qui avaient les mêmes symptômes, se levèrent ensemble.

CHAPITRE 3

Edmond trouva l'école. Il sauta par-dessus le portail et fonça vers les classes. Dans le couloir, il ne ralentit pas. Quand il vit la porte avec l'étiquette « C'est œufs deux », ornée de deux beaux œufs de poule bien dessinés, il l'ouvrit avec force.

Janine Jaouen, la maîtresse, était au tableau. Elle écrivait un poème pour ses élèves malades. Quand elle vit un loup dans sa classe, un loup avec des yeux de loup, des dents de loup et une queue de loup… son cœur se mit à battre le record du monde.

Elle cria.

Son corps, qui ne lui obéissait plus, hésita entre tomber là, près du bureau, se laisser manger tout cru ou fuir le plus loin possible. Après une demi-seconde, son corps choisit de partir, et Janine Jaouen prit ses jambes à son cou ! Ses jambes la menèrent directement chez le docteur Briec.

– Que se passe-t-il ?

– Docteur, j'ai peur…

Elle ne put en dire plus, elle s'évanouit. Il fut surpris et en même temps complètement troublé par la beauté de Janine. Il l'allongea et prépara

une piqûre contre les évanouissements. Il était si bouleversé par cette maîtresse plus belle qu'une fée aquatique, qu'au moment de lui faire la piqûre, alors qu'il lui cherchait une veine dans le bras, il fit un geste maladroit et la piqua au bout du doigt !

Désespéré, il s'agenouilla près d'elle, en murmurant :

– Oh, qu'ai-je fait ! Ma belle Janine, je t'ai piquée au doigt et tu vas dormir cent ans… Qu'ai-je fait, mon Dieu ! Comment te réveiller ?

Pendant ce temps, Edmond s'était installé confortablement dans la classe. Sa jambe le faisait encore un peu souffrir, mais pas trop. Allongé sur la plus haute étagère de la bibliothèque, il regardait les images d'un livre.

Il avait décidé de rester là toute la journée et toute la nuit, avant de repartir sur la digue continuer à pêcher.

Il se réveilla au matin, en entendant les cris des enfants dans la cour de l'école. Sa jambe allait bien. « Que faire ? se dit-il. Si je sors maintenant, même tranquillement, je vais affoler les plus petits qui affoleront les plus grands. Mieux vaut attendre. » Il resta allongé sur son étagère.

Edmond entendit un coup de sifflet. Les enfants cessèrent de jouer et de crier. Ils entrèrent en classe. À la grande surprise des élèves de CE2, c'est la directrice qui les accueillit. Max et Mauricette, assis l'un près de l'autre, se regardèrent.

– Mes enfants, votre maîtresse est absente, et aujourd'hui c'est moi qui vais vous faire la classe. Prenez votre cahier et recopiez ce joli poème qui est au tableau.

Tous les élèves étaient là. Pas un absent. Tous avaient avalé la veille au soir les comprimés rouges, contre la varicelle. Sagement, ils commencèrent à copier.

POISSON
A-Z

CHAPITRE 4

Tous les élèves et la directrice entendirent frapper.

– Entrez.

Le docteur Briec entra. Ça alors ! Il portait la maîtresse dans ses bras et il la serrait contre son cœur. Il dit à la directrice :

– Madame, voici la maîtresse. Je l'ai endormie pour cent ans, sans faire exprès… et je ne sais pas comment la réveiller.

Il raconta la piqûre faite accidentellement au bout du bout du doigt.

– Au bout du bout du doigt !

Les élèves écoutaient en silence. Edmond, allongé sur son étagère de bibliothèque, entendit tout, lui aussi. La directrice fit un signe au docteur qui allongea la maîtresse devant le tableau.

– Docteur, on ne peut vraiment rien faire ?

– Non.

– Mais les élèves ont besoin de leur maîtresse !

– Hélas, madame la directrice, la médecine est impuissante. Pour notre malheur à tous, je vous l'ai dit, je lui ai piqué le doigt et j'en ai fait une Belle au bois dormant.

Le docteur pleurait doucement. La directrice s'adressa aux élèves :

– Mes enfants, la situation est grave, vous ne pouvez pas attendre cent ans pour terminer votre année scolaire, quand même.

Que faire ?

Un élève leva la main et proposa :
– On peut peut-être tremper la maîtresse dans de l'eau bien froide.
– Elle en mourrait, assura le docteur.
Un autre suggéra :
– Il faudrait lui donner une grosse paire de claques.
La directrice, qui était déjà énervée, répliqua :
– C'est toi qui mériterais une paire de claques !
Edmond, sur son étagère, avait une bonne idée pour guérir la maîtresse. Et puis, il se doutait bien que c'était un peu sa faute ce qui était arrivé. Comment faire ? Il ne pouvait pas sauter dans la classe et épouvanter tout le monde !
Il prit un grand album, il l'ouvrit pour se cacher, et risqua un œil dans la classe. Il reconnut Max et Mauricette, l'un à côté de l'autre, là près de lui, à la dernière table. Il fallait qu'il leur parle.

Edmond, toujours aux trois quarts caché par son album, descendit de l'étagère et se faufila vers la table de Max et Mauricette. Il tapota la jambe de Mauricette. Elle baissa la tête, il mit un doigt sur ses lèvres en soufflant : « Chut ! » Mauricette donna un coup de coude à Max qui lui aussi découvrit Edmond. Ils se penchèrent pour l'écouter :

– Je sais comment faire pour la réveiller.

– En vrai ?

– En vrai. C'est une chose que j'ai apprise il y a longtemps, sur une île, après un naufrage.

– Dis-le.

– Il faut lui faire des chatouilles et des chatouilles et encore des chatouilles.

Edmond remonta sur son étagère. Mauricette proposa :

– On pourrait lui faire des chatouilles…

– Des chatouilles ! Quelle drôle d'idée !

– Essayons, madame, insista Max. Des chatouilles ça ne fait de mal à personne.

La directrice, interrogative, regarda le docteur qui avait cessé de pleurer. Il lui dit :

– Après tout, on peut essayer.

ZIZOU
10

CHAPITRE 5

Tous les élèves se levèrent et s'approchèrent de leur maîtresse. Avec la directrice et le docteur, ils commencèrent à la chatouiller des pieds à la tête, du bout du nez au bout des doigts... devant, derrière et partout ailleurs. Après deux minutes, l'incroyable se produisit : Janine Jaouen se réveilla. Elle ouvrit les yeux, sourit à chacun de ses élèves et à la directrice, et embrassa le docteur Briec !

Le lendemain, la maîtresse arriva à l'école avec du bleu aux yeux et du rouge aux lèvres. Le docteur Briec l'accompagna jusqu'à la classe.

– Les enfants, prenez votre cahier de poésie.
Max leva la main.
– Madame… il y a dans la classe un nouvel élève. Il ne sait pas encore lire et il voudrait apprendre.
– Un nouvel élève ? Où est-il ?
– Madame, ce nouvel élève, c'est un gentil loup, il s'appelle Edmond, c'est lui qui a eu l'idée des chatouilles.
Edmond se montra.
La maîtresse, qui avait fait un pas en arrière en le voyant, se reprit.
Si ce loup ne mangeait pas les élèves, il n'y avait aucune raison pour qu'il la mange.

– Tu veux vraiment apprendre à lire ?
– Oui, et à écrire.
– Mais pourquoi ?
– Pour écrire une lettre à Agnès qui est partie faire du ski, et pour lire une lettre d'elle. Elle sait écrire.
– Une lettre…
– Oui, une lettre d'amour.
Sans réfléchir plus, Janine Jaouen dit à Edmond :
– Assieds-toi. Nous allons tous ensemble t'apprendre à lire et à écrire, ça ira plus vite.

Le dernier jour de ses vacances, Edmond lisait aussi bien que Janine Jaouen la maîtresse, et il savait comme les autres élèves écrire des gros mots et des mots maigres !
Avant de repartir vers Paris, avec dans sa poche une poésie d'amour qu'il avait composée pour Agnès, il écrivit un message sur une feuille :

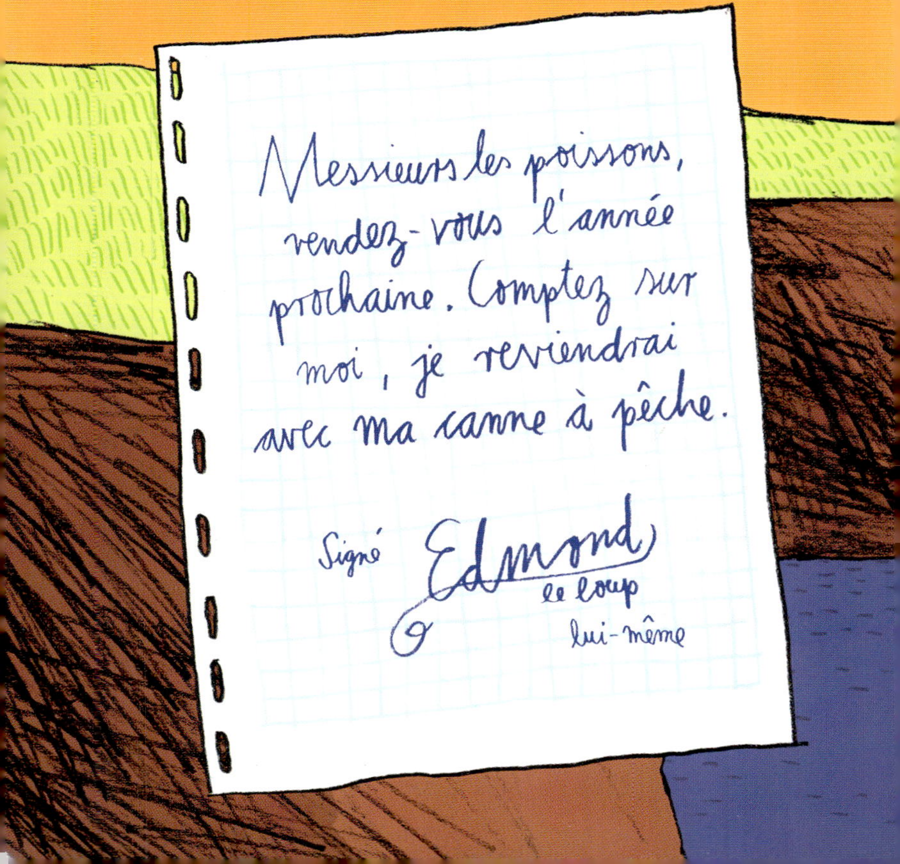

Il mit son message dans une bouteille qu'il referma avec un bon bouchon de liège et… il lança la bouteille à la mer.

Loi 49.956 du 16.07.1949
Dépôt légal n° 3163 : 1er trimestre 2003
ISBN : 2-7459-0856-1
Imprimé en France par Fournié